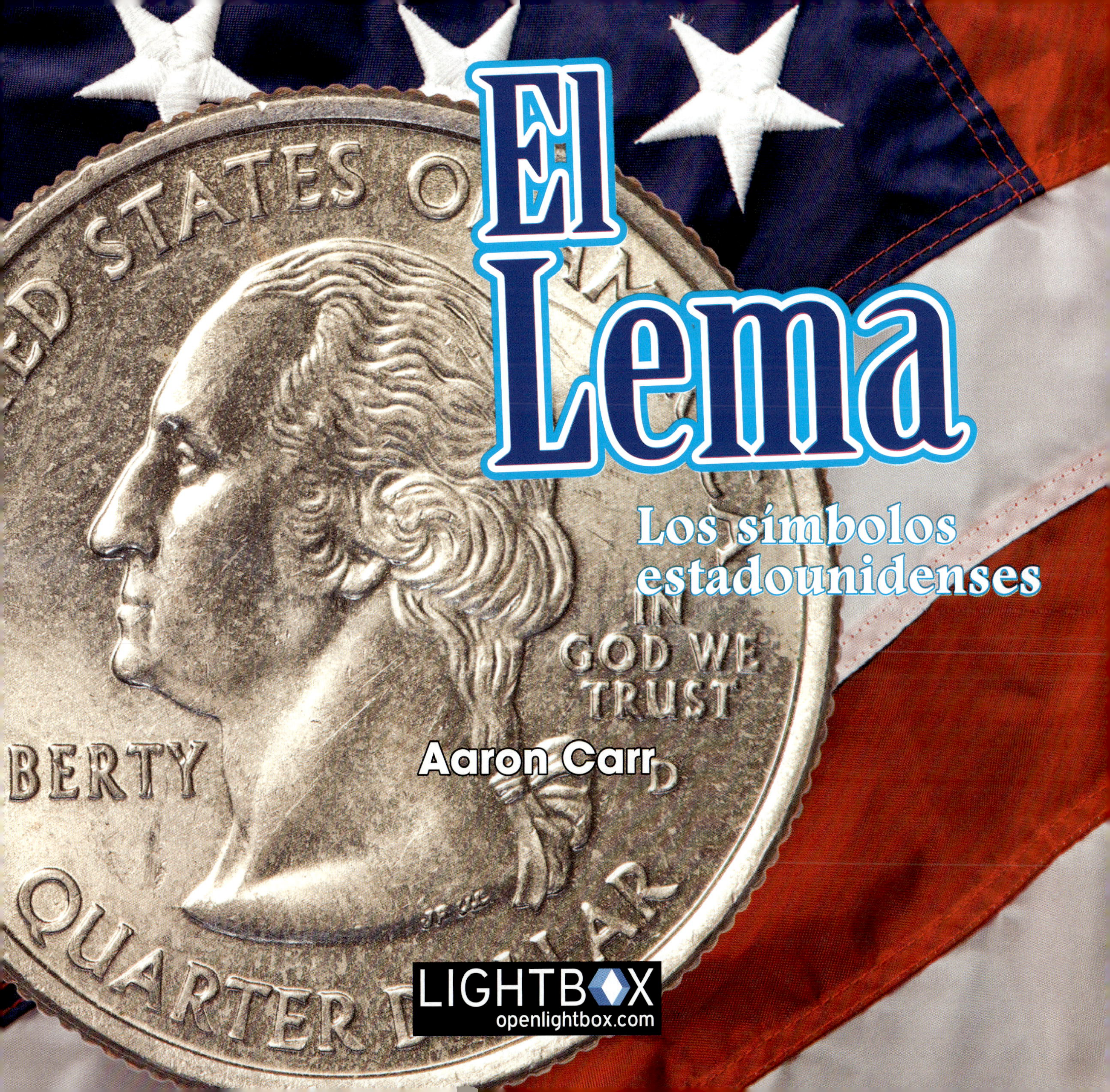

El Lema

Los símbolos estadounidenses

Aaron Carr

LIGHTBOX
openlightbox.com

LIGHTBOX

Entre a
www.openlightbox.com
e ingrese el código único
de este libro.

CÓDIGO DE ACCESO

LBP54992

Lightbox es una completa solución digital para enseñar y aprender temas curriculares de una manera original e innovadora. Lightbox se basa en las Normas Curriculares Nacionales.

Bald Eagle Menu

OPTIMIZADO PARA

- ✓ **TABLETAS**
- ✓ **PIZARRAS ELECTRÓNICAS**
- ✓ **COMPUTADORAS**
- ✓ **¡Y MUCHO MÁS!**

El Hall de la Independencia
El Hall de la Independencia
Se dice que el Hall de la Independencia es el lugar de nacimiento de los Estados Unidos. Es un gran edificio de ladrillos que está en Filadelfia, Pensilvania.
READ

CARACTERÍSTICAS ESTÁNDAR DE LIGHTBOX

AUDIO Narraciones de alta calidad con sistema de texto a voz

VIDEOS Videoclips de alta definición incorporados

ACTIVIDADES PDFs imprimibles que pueden enviarse por correo electrónico y calificarse

ENLACES WEB Enlaces cuidadosamente seleccionados con recursos seguros para niños

PRESENTACIÓN EN DIAPOSITIVAS Ilustraciones gráficas de los conceptos clave

MAPAS INTERACTIVOS Mapas interactivos e imágenes satelitales aéreas

QUIZ **CUESTIONARIOS** Diez preguntas de elección multiple con puntaje automático que se envían por correo electrónico al docente para su evaluación

PALABRAS CLAVE Combinación de los conceptos clave con sus definiciones

VIDEOS

ENLACES WEB

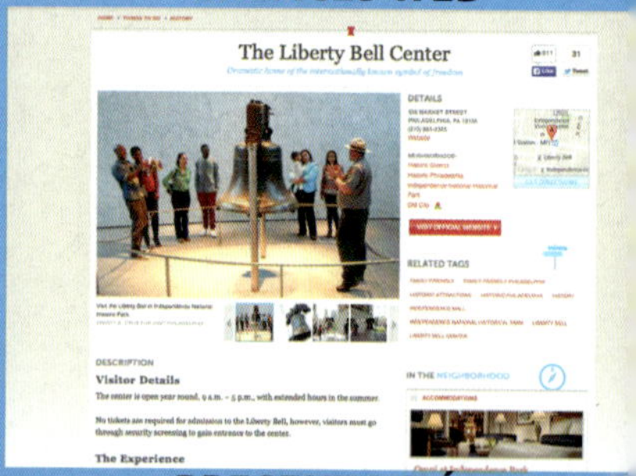
The Liberty Bell Center

PRESENTACIÓN EN DIAPOSITIVAS

Slideshow
STATUE CRUISES

CUESTIONARIOS

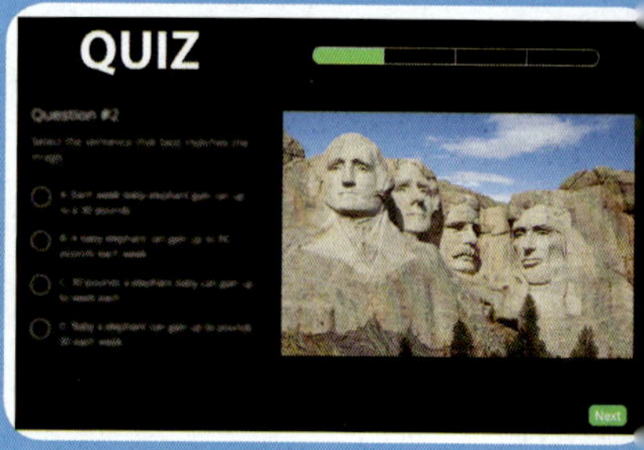
QUIZ
Question #2
Next

El Lema

Contenidos

El Lema Nacional

El Lema Nacional es una frase corta que representa a los estadounidenses y a sus creencias. El lema de los Estados Unidos es "En Dios confiamos".

WE TRUST

IN GOD
WE TRUST

La primera impresión

El lema "En Dios confiamos" se imprimió por primera vez en una moneda de dos centavos en 1864. Desde 1957, el lema ha estado impreso en toda la moneda estadounidense.

E Pluribus Unum

Estados Unidos solía tener otro lema. El primer lema era en latín y significaba "de muchos, uno". Esto era porque muchos grupos de personas se unieron para formar un solo país, los Estados Unidos.

El **primer** lema se eligió en **1782**.

URIBUS UNUM

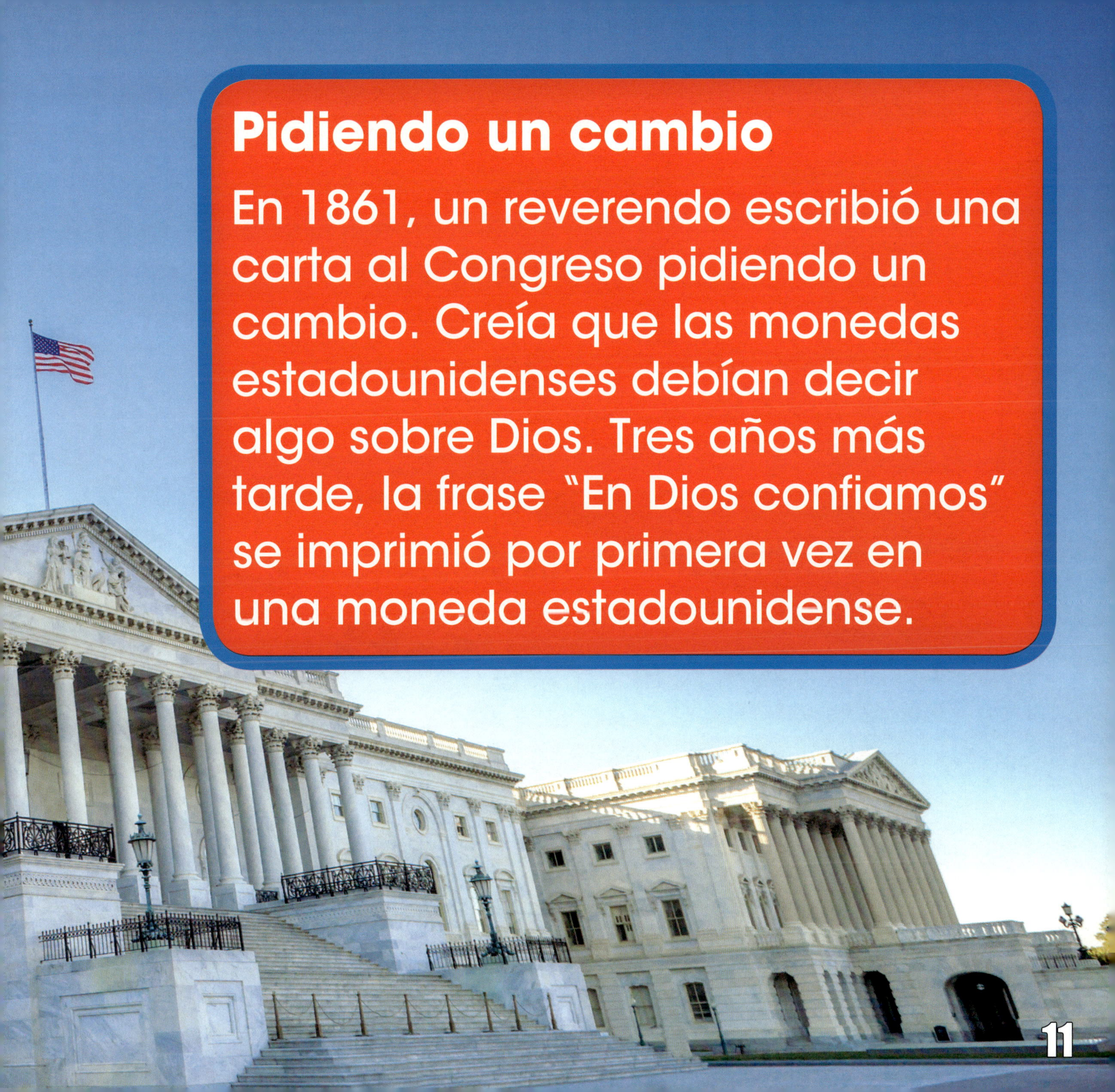

Pidiendo un cambio

En 1861, un reverendo escribió una carta al Congreso pidiendo un cambio. Creía que las monedas estadounidenses debían decir algo sobre Dios. Tres años más tarde, la frase "En Dios confiamos" se imprimió por primera vez en una moneda estadounidense.

Para citar un poema

Las palabras "En Dios confiamos" proviene del poema "La bandera tachonada de estrellas". El cuarto verso del poema dice: "Este será nuestro lema - En Dios está nuestra confianza".

"La bandera tachonada de estrellas" se escribió hace **más de 200 años**.

LIBERTY
1839

La desaparición del lema

Algunas monedas de 1800 y principios de 1900 no tenían el lema impreso. Mucha gente pidió al Congreso que se asegurara de que todas las monedas nuevas tuvieran el lema impreso.

Nuevamente en uso

Desde 1909, todas las monedas de un centavo llevan impreso el lema. En 1916, se incluyó también en las monedas de diez centavos, y desde 1938 aparece en todas las monedas estadounidenses.

El lema es ley

La frase "En Dios confiamos" se había estado usando por casi 100 años pero no era ley. En 1956, el presidente convirtió al lema en ley. Al año siguiente, el lema comenzó a imprimirse en todos los billetes.

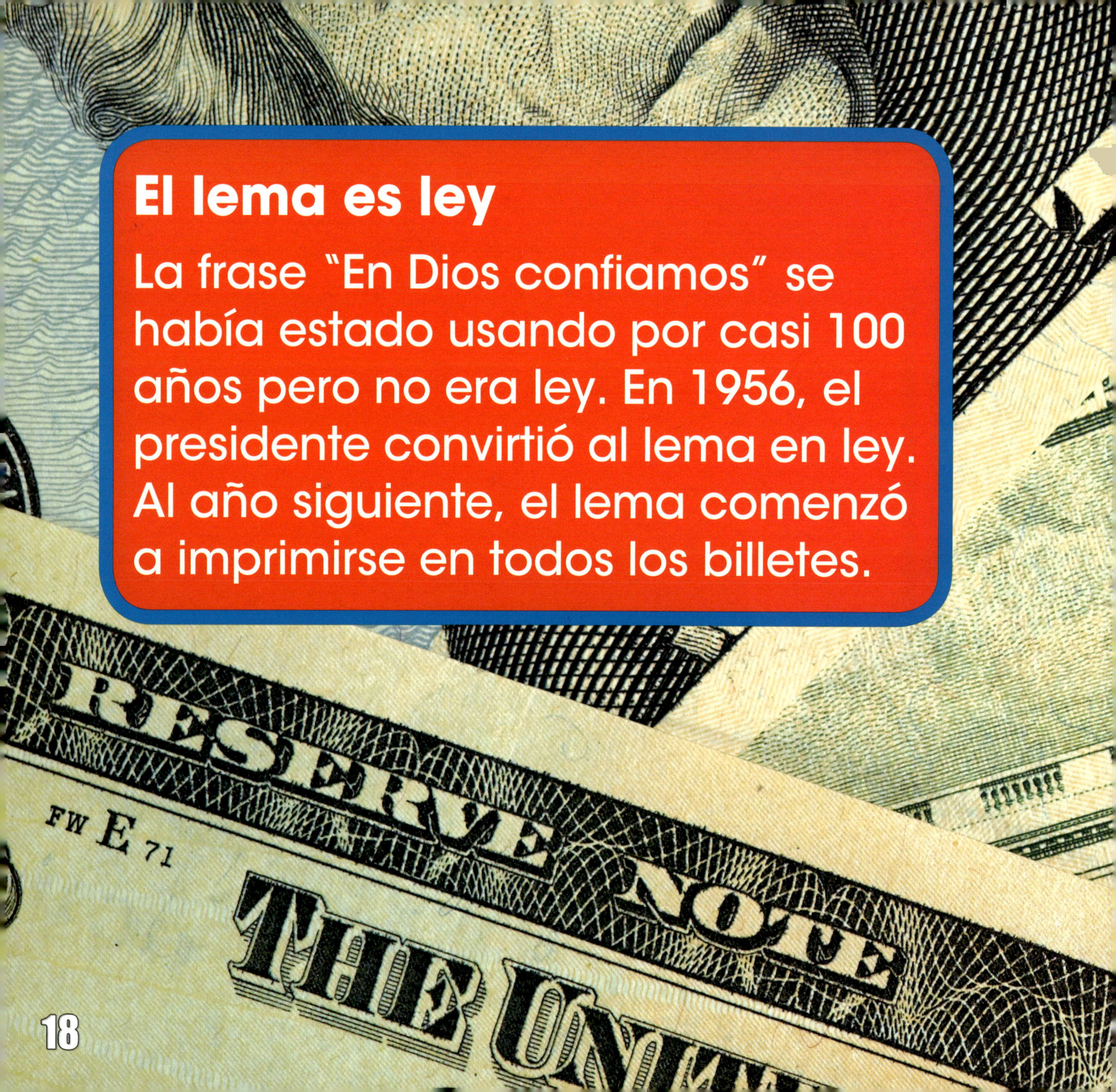

Los **primeros billetes** que tuvieron impreso el lema fueron los de **1 dólar**.

El Lema Nacional hoy

Actualmente, el lema "En Dios confiamos" está impreso en todas las monedas y los billetes de los Estados Unidos. Algunas personas pidieron al Congreso que cambiaran el lema. Fueron a la justicia, pero perdieron. El lema no se ha modificado desde 1864.

La **Oficina de Grabado e Impresión de EE.UU.** imprime los billetes en Washington, D.C. y Fort Worth, Texas.

50
NON-NEGOTIABLE
AB 81511921 S
B2
SERIES 1996
THIS NOTE IS NOT LEGAL TENDER FOR ANY DEBTS, PUBLIC OR PRIVATE
FEDERAL RESERVE SYSTEM
FEDERAL
GRANT

DATOS SOBRE EL LEMA

Estas páginas contienen más detalles sobre los interesantes datos de este libro. Están dirigidas a los adultos para que ayuden a los jóvenes lectores a redondear sus conocimientos sobre cada símbolo nacional presentado en la serie *Los símbolos estadounidenses*.

Páginas 4–5

IN GOD WE TRUST
El Lema Nacional
El Lema Nacional es una frase corta que representa a los estadounidenses y a sus creencias. El lema de los Estados Unidos es "En Dios confiamos".

El Lema Nacional. Un lema es una frase corta que resume las creencias de un grupo de personas. El lema de los Estados Unidos es "En Dios confiamos". Este lema se ha estado utilizando en los Estados Unidos desde mediados de 1800, pero recién se convirtió en lema oficial unos 100 años más tarde.

Páginas 6–7

LIBERTY
IN GOD WE TRUST
2000
D
La primera impresión
El lema "En Dios confiamos" se imprimió por primera vez en una moneda de dos centavos en 1864. Desde 1957, el lema ha estado impreso en toda la moneda estadounidense.

La primera impresión. El lema ha estado impreso en las monedas estadounidenses por más de 150 años. Desde que se acuñó la primera moneda de dos centavos con la frase "En Dios confiamos", en 1864, el lema nunca ha dejado de utilizarse. Aparece en las monedas y billetes desde 1957, y también se lo puede ver en las patentes de los autos, los afiches gubernamentales y otros objetos patrióticos.

Páginas 8–9

E PLURIBUS UNUM
E Pluribus Unum
Estados Unidos solía tener otro lema. El primer lema era en latín y significaba "de muchos, uno". Esto era porque muchos grupos de personas se unieron para formar un solo país, los Estados Unidos.

E Pluribus Unum. El primer lema de los Estados Unidos fue aprobado en 1782 para ser utilizado en el Gran Sello del país. El lema "E Pluribus Unum" significa en latín "De muchos, uno". Esto hace referencia a las 13 colonias originales que se unieron para formar los Estados Unidos. Este lema también se utilizaba en las monedas ya en 1795, cuando apareció en la moneda de oro "media águila".

Páginas 10–11

Pidiendo un cambio
En 1861, un reverendo escribió una carta al Congreso pidiendo un cambio. Creía que las monedas estadounidenses debían decir algo sobre Dios. Tres años más tarde, la frase "En Dios confiamos" se imprimió por primera vez en una moneda estadounidense.

Pidiendo un cambio. En 1861, el Reverendo M.R. Watkinson de Pensilvania escribió una carta al Secretario del Tesoro, Salmon P. Chase. En la carta, el Reverendo Watkinson le pedía a Chase que considerara incluir una referencia a Dios en las monedas estadounidenses. Después de leer esta carta, Chase le pidió al director de la casa de la moneda de Filadelfia, James Pollock, que preparara un nuevo lema.

Páginas 12–13

Para citar un poema
Las palabras "En Dios confiamos" proviene del poema "La bandera tachonada de estrellas". El cuarto verso del poema dice: "Este será nuestro lema – En Dios está nuestra confianza".
The Star-spangled Banner.
más de 200 años

Para citar un poema. La frase "En Dios confiamos" está inspirada en una línea del poema "La bandera tachonada de estrellas". El cuarto verso del poema dice"Este será nuestro lema – En Dios está nuestra confianza". El primer verso de este poema se convirtió más tarde en el himno nacional de los Estados Unidos. En un principio, Salmon P. Chase pensó en usar "En Dios está nuestra confianza" como lema, pero en 1863 lo cambió por "En Dios confiamos".

Páginas 14–15

La desaparición del lema
Algunas monedas de 1800 y principios de 1900 no tenían el lema impreso. Mucha gente pidió al Congreso que se asegurara de que todas las monedas nuevas tuvieran el lema impreso.
1839
TEN D.

La desaparición del lema. En 1907, se acuñaron dos tipos de monedas de oro sin el lema. La gente estaba tan enojada que se quejó ante el gobierno. Tan fuerte fue la demanda que, en 1908, el Congreso sancionó una ley para garantizar que el lema fuera incluido en todas las monedas que se acuñaran en adelante.

Páginas 16–17

Nuevamente en uso
Desde 1909, todas las monedas de un centavo llevan impreso el lema. En 1916, se incluyó también en las monedas de diez centavos, y desde 1938 aparece en todas las monedas estadounidenses.

Nuevamente en uso. En 1938, se acuñó una nueva moneda de cinco centavos con la cara de Thomas Jefferson y el lema impreso. Esta fue la primera vez desde 1883 que se incluyó al lema en las monedas de cinco centavos. Antes, el lema aparecía solo en determinadas monedas, como las de dos centavos y en varias monedas de oro y plata. A partir de 1938, se incluyó al lema en todas las monedas nuevas que se acuñaban.

Páginas 18–19

El lema es ley
La frase "En Dios confiamos" se había estado usando por casi 100 años pero no era ley. En 1956, el presidente convirtió al lema en ley. Al año siguiente, el lema comenzó a imprimirse en todos los billetes.
IN GOD WE TRUST
RESERVE NOTE
1 dólar

El lema es ley. Después de casi un siglo de uso masivo, el presidente Dwight D. Eisenhower firmó una ley que convirtió a la frase "En Dios confiamos" en el lema oficial de los Estados Unidos. Esta ley decía también que el lema debía estar impreso en todo el dinero estadounidense, incluso en los billetes. Al año siguiente se hicieron los primeros billetes con el lema impreso.

Páginas 20–21

El Lema Nacional hoy
Actualmente, el lema "En Dios confiamos" está impreso en todas las monedas y los billetes de los Estados Unidos. Algunas personas pidieron al Congreso que cambiaran el lema. Fueron a la justicia, pero perdieron. El lema no se ha modificado desde 1864.
La Oficina de Grabado e Impresión de EE.UU.

El Lema Nacional hoy. "En Dios confiamos" es el lema oficial de los Estados Unidos y aparece en todos los tipos de moneda estadounidense. Sin embargo, el lema ha sido blanco de ataques en los últimos años. Algunos creen que el lema debería modificarse para excluir toda referencia a Dios. Creen que la religión debería ser separada de las cuestiones gubernamentales. En 2011, la Corte Suprema rechazó el pedido y decidió mantener el lema.

Published by Smartbook Media Inc.
350 5th Avenue, 59th Floor New York, NY 10118
Website: www.openlightbox.com

Library of Congress Control Number: 2017961967

ISBN 978-1-5105-3382-0 (hardcover)
ISBN 978-1-5105-3383-7 (multi-user eBook)

Printed in the United States of America in Brainerd, Minnesota
1 2 3 4 5 6 7 8 9 0 22 21 20 19 18

012018
011518

Spanish Project coordinator: Sara Cucini
Spanish Editor: Translation Services USA
English Project coordinator: John Willis
Designer: Ana María Vidal

Every reasonable effort has been made to trace ownership and to obtain permission to reprint copyright material. The publisher would be pleased to have any errors or omissions brought to its attention so that they may be corrected in subsequent printings.

The publisher acknowledges Corbis, Dreamstime, Getty Images, and iStock as its primary image suppliers for this title.